오늘 본 당신, 내일 만날 기대에
내일 아닌 지금 행복합니다
　　　　맨드리 김희주

시계 밑에
    커
    다
    란
찻잔을 두고 싶다

시계 밑에 커다란 찻잔을 두고 싶다

초판 1쇄 발행 2020년 12월 1일

지은이 맨드리 김희주
펴낸이 장길수
펴낸곳 지식과감성#
출판등록 제2012-000081호

디자인 장흥은
일러스트 박은성
편집 장흥은, 이현
교정 박솔빈
마케팅 고은빛, 정연우

주소 서울시 금천구 벚꽃로298 대륭포스트타워6차 1212호
전화 070-4651-3730~4
팩스 070-4325-7006
이메일 ksbookup@naver.com
홈페이지 www.knsbookup.com

ISBN 979-11-6552-569-9(03810)
값 10,000원

ⓒ 맨드리 김희주 2020 Printed in Korea

잘못된 책은 구입하신 곳에서 바꾸어 드립니다.
이 책의 전부 또는 일부 내용을 재사용하려면 사전에 저작권자와 펴낸곳의 동의를 받아야 합니다.

이 시집은 한국예술인복지재단 2020 하반기 창작지원금을 지원받아 제작되었습니다.

이 페이지는 마포 브랜드 서체가 사용되어 있습니다.

이 도서의 국립중앙도서관 출판예정도서목록(CIP)은 서지정보유통지원시스템
홈페이지(http://seoji.nl.go.kr)와 국가자료공동목록시스템(http://www.nl.go.kr/kolisnet)에서
이용하실 수 있습니다. (CIP제어번호 : CIP2020050077)

홈페이지 바로가기

시계 밑에
커
다
란
찻잔을 두고 싶다

글·사진 **맨드리 김희주** | 일러스트 **박은성**

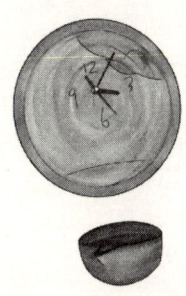

엄마가 쓴 시에 초딩 6학년 딸내미가 그린 삽화
가족끼리 뚝딱뚝딱 힐링 시집

목차

1부 쓰담쓰담

2부 토닥토닥

3부 몰랑몰랑한 흑백사진

쓰담쓰담

그림자	13	담아두기	39
엄마	15	아버지	41
엄마는	17	새댁이의 哀告(애고)	43
이후로	19	귀걸이 한쪽	45
병실 안에서	21	배우자	47
당황	23	전화 한 통	49
괜찮아? 괜찮아...	25	친구	51
눈 쌓이지 않는 마을	27	나에게	53
벚꽃에 달린 아이들	29	멈칫	55
수궁가	31	뒷모습	57
꼬마여왕의 발	33		
돼지저금통	35		
세 천사들	37		

2부

토닥토닥

바람	61	무게감	83
웅녀(熊女)	63	동굴	85
추수 후(後)	65	무대 위의 그대	87
빌려준 우산	67	마을 잔칫날	89
내일 뜨는 태양 아래서	69	젊은 새댁	91
어린왕자	71	예견된,	93
		눈병	95
아코디언과 하모니카 연주를 들으면	73	쓰리쿠션	97
cafe´ 우산	75	노산공원	99
위로	77	되돌아오기	101
이별	79	태극기를 달다	103
커피 한 잔	81	모닥불 앞에서	105
		여황제 카드	107

3부

몰랑몰랑한 흑백사진

거리두기	110	양귀비꽃	123
꽃은 시들어도 꽃	111	어디 가니?	124
날 위한 충고	112	자기애	125
달	113	클로버	126
들이밀기	114	하나 더하기 하나	127
메우기	115	함께 가기	128
별	116	헌 핸드폰에게	129
불	117	호수	130
빠알간 우편함	118		
산책	119		
삼총사	120		
숨바꼭질	121		
시간	122		

정민 교수는 "시를 어떻게 쓸까: 이규보의 論時中微 旨略言논시중미지략언"이라는 글에서 시는 끊임없이 변하면서 늘 변치 않아야 하고, 나만의 색깔을 지니되 한결같지 않으며, 늘 같으면서도 언제나 다른 시이자 남들이 뭐라고 규정할 수 없는 시가 살아 있는 시라고 말하였는데, 이 말에 깊이 공감되었습니다.

저 역시 살아 있는 시를 쓰고 싶다는 작은 꿈만 꾸고 있다가 깜짝 시집을 출간하게 되었습니다.

힐링 시집 『시계 밑에 커다란 찻잔을 두고 싶다』는 엄마의 첫 시집 출간에 초등학교 6학년 딸인 박은성 양이 47편의 시 작품 하나하나 삽화와 표지와 캐릭터를 그려 넣었습니다. 그리고 제가 찍은 사진으로 쓴 시 21편을 실었습니다.

코로나19 상황을 함께 극복하는 가족의 의미를 가지고, 박은성 양의 초등학교 졸업을 앞둔 시점에서 엄마와 딸이 '가족끼리 뚝딱뚝딱' 만든 힐링 시집입니다.
귀한 글 써주신 사천문인협회 시인 정삼조 선생님과

작가의 말

박은성 양의 생부이자 나의 무촌인 "불금이야"의 가수 박재범 씨와 마감이란 말의 중요성을 느꼈다는 박은성 양, 사랑하는 서울 부모님, 대구 부모님 그리고 사랑하는 우리 가족들, 응원해주시는 모든 분들에게 감사드립니다.

소중하고 귀한 지금 이 순간 이 책을 읽고 계신 그대에게 진심으로 감사드리며 성숙과 공감이 있는 시로 다시 만나기를 기원합니다.

제가 쓴 한 줄의 시구가, 박은성 양의 그림이 그대에게 잠깐의 휴식이 되면 참으로 좋겠습니다.

2020년 12월
맨드리 김희주 올림

*맨드리: 옷을 입고 매만진 맵시. 물건이 만들어진 모양새. 이미 만들어 놓은 물건. 맵시 있는 창작물을 맹그는 사람이기 원하는 소망이 담긴 의미.

쓰담쓰담

고마 쫌 돌아댕기라
니가 그란다고 해결되는기 아이다
내가 니 따라 댕기다가
속이 시꺼멓게 탔다

그림자

2-2. 박은성

엄마도 그랬수?
이렇게, 아팠수?
한밤에, 울었수?

어찌 난 세상모르고 잤을꼬?

엄마

누가 업어 가도 모를 정도로
깊이 잠들던 소녀가
식어 빠진 촛농의 몸으로
갓난아이 "엥-" 소리에 용수철 튀었네

그렇-게 깨워도 안 일어나더니
지 새끼 운다고 벌-떡! 일어난다고-
이제 진짜 엄마라며,
엄마는 화알짝 웃어주셨네

엄마는

내 귀가 맛을 본다
내 코가 씹는다
내 입이 듣는다
내 손이 걷는다
내 눈이 향기를 맡는다
내 딸이 태어난 이후로

이후로

알코올 냄새가 한 움 쿰
내 가슴을 철렁이게 한다
한 방울씩 떨어지는 링거 속에
내 눈물 한 방울도 섞는다
시계 방향으로 배를 문지르자
겨우 잠든 딸내미
살짝 움찔거림에 내 눈썹도 질끈 감는다
허벅지부터 발끝까지
조근조근 주물러가며
멍울 하나씩 톡톡 눌러 터트린다

병실 안에서

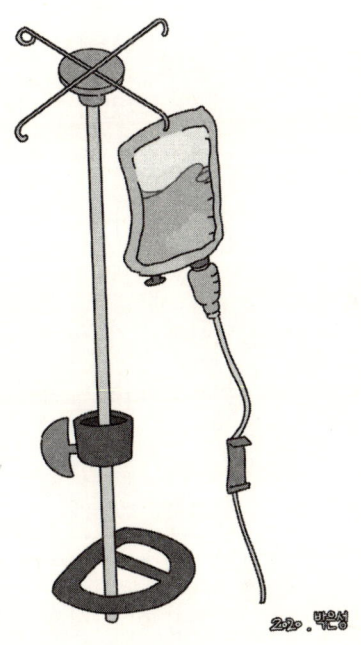

은성아. 옷이 삐져나왔잖아
이리 와. 가만히 있어봐
아이구. 움직이지 말고!!
잠깐만. 움직이지 말래두!!

울먹이며 고개 숙인 은성이
"엄마, 난 인형이 아니잖아요!!"

당황스러워 웃음이 나왔다
그래. 넌 살아있는 내 아이지
아. 가끔 이 사실을 잊고 산다

당황

2020. 박은성

쉬하려고 일어났어?
왜 그래? 괜찮아?
놀랬지? 창피해서 그래?
괜찮아. 괜찮아.
아까 먹은 게 잘못되었나 보다

엄마 손은 약손
은성이 배는 똥배

엄마가 어부바 해줄게
괜찮아?
괜찮아. 괜찮아.
엄마 옷이랑 은성이 옷 빨면 돼
엄마가 다 치울게

엄마가 등 쓰다듬어줄게
푸욱 자고 나면 괜찮아질 거야
괜찮아? 괜찮아.

괜찮아? 괜찮아...

우리 마을 삼천포에는
눈이 쌓이지 않는다
전국이 폭설주의보에 쌓여도
진눈깨비 살짝 흩날릴 뿐

다섯 살배기 딸아이는
하늘에서 설탕이 내려와
차가운 솜사탕이 되는 신비함을 본 적도
눈사람을 만든 적도
눈싸움을 한 적도 없다

TV에서만 본 눈을,
뽀로로가 사는 얼음마을 보여주려
포비처럼 커다란 눈사람 만들러
엉덩방아 찧으러 윗지방으로 간다

난 오늘도 눈을 보기 위해
TV를 켠다

눈 쌓이지 않는 마을

흐드러지게 핀 벚꽃나무 아래
연분홍 눈밭을 거닐다
너는
벚꽃에 아이들이 달려 있다고
아기 엉덩이라며 귀엽다고 웃었지

엉덩이들이 뚝 떨어지는 것에
눈물을 느낀다는 말에
나는
꽃눈 밟던 발을 슬그머니 빼고
물끄러미 너의 얼굴을 바라보았다

여섯 살 딸의 벚꽃나무 위에선
소곤재잘거리며 웃는
꽃의
수밀도 분홍 엉덩이 아이들이
벚꽃에 포동토실하게 달려 있었네

벚꽃에 달린 아이들

우리 아이
오르락내리락 고열에
나는 바다의 용왕이 되었다가

가래 낀 기침소리에
둔탁한 자라 손 되었다가

갈라진 입술에
빠알간 토끼 간 되었네

수궁가

어린이집 놀이터에
두꺼비 집과 모래성의 주인인
맨발의 꼬마여왕이
성을 부수고 또 쌓고 있네

눈부신 햇살에 송글송글
열 개의 발가락 사이사이
반짝이는 모래알이 보석처럼 박혔네

처음 널 품에 안고 세어 본
발가락 수와 같구나
첫 걸음마로 내 품에 안긴
호흡소리와 같구나

선반 위의 금빛 석고의 발자국 모양보다
여왕의 발은 어느새 두 배가 되었네

꼬마여왕의 발

들기조차 버거운
일곱 살 딸의 세 살 된 저금통

작은 동그라미 큰 동그라미
파란종이 초록종이 노란종이가
조그만 마을을 이루고 사네

큰 동그라미 하나에
애교 띤 심부름의 여왕이 보이고

파란종이 하나에
멋드러진 춤과 노래 한 곡이 보이고

초록종이 하나에
한복 입은 큰 절이 보이네

돼지저금통의 미소엔
동네 영화 한 편이 들어 있네

돼지저금통

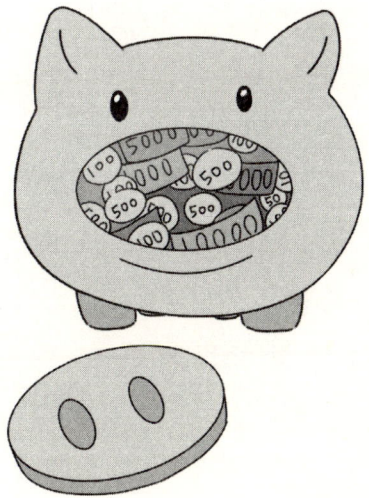

하늘은 어쩔거나
지구별에 보낸 세 천사들
궁금해서 어쩔거나

날개 벗은 천사 셋이
행복과 사랑을 잔뜩 안고
우리에게 훅 들어왔다

천사들의 웃음으로
사랑으로 가득 찬 세상
조심히 지켜줘야 할 세상

얼마나 따뜻해질지
얼마나 행복해질지
고모미소 절로 나온다

세 천사들

시계 밑에 커다란 찻잔을 두고 싶다
혹시나 떨어지는 시간을 담아두어야지
반지 틈에 숨어 흐르는 폭포 모랫방울도
호랑나비 날개에서 찢어진 네잎클로버 한 잎도
떨어지지 않도록 날아가지 않도록

담아두기

엄마와 통화 중에
옆에 계신다기에
곁가지로 받은 전화에
지난번과 같은 걸 묻고는
"엄마 바꿔줄게" 말하는 남자

오랜만에 드린 전화에
본인 할 말만 하고
대답하기도 전에 뚝 끊는 남자

항상 혼자
앞서 걷는 거리만큼 어색한 남자

젓가락처럼 가늘어진 그의 허벅지가
손주들의 엉덩이에 깔렸다

아버지

머리 올린 지 십 년 된
곱디고운 새댁이는
가슴이 화딱화딱하고
오늘도 눈물이 매웠다

맘 착한 새댁이는
인품과 학식으로 사람들의 존경 받던
친정아버지의 사랑을 듬뿍 받은,
아버지 꼭 닮은 막내딸이었다

점잖은 어르신들에게 사랑받고,
착실한 신랑과 뼈대 있는 집안이라던,
신랑 측 웃돈 받고 검은 세치 혀를 놀렸던,
중매쟁이는 새댁이를 패대기쳤다

맘 착한 새댁이는
찢어지게 가난한 8남매 장손에다
무지렁이 시부모와 무능한 신랑이야기는
걱정하실까 봐 친정에 말 한마디 안 했다

새댁이의 哀告(애고)

중매쟁이 집 앞을 지날 때마다
온몸을 부르르 떨었고
딸 부잣집 귀한 그 집 장남
고시 합격 마을잔치 했을 때도 안 갔다

그 집 자랑거리였던 장남의
갑작스런 부고 소식에도 안 갔다
새근새근 잠든 아들 둘이
타들어 재가 된 새댁이를 살렸다

내 귀에 달랑거리던 하트 모양의
금 귀걸이 한쪽이 탈출했다

바둑 복기하듯 지나온 장소들과
함께 만난 사람들을 탈탈 털었다
모든 상황에 대한 의심,
아무것도 기억하지 못하는 내게,
머리가 하얘지고 화가 치밀어 올랐다

뭐가 그리 서운했는지
혹시 똑 닮은 짝지와 싸웠는지
갑작스런 이별을 통보받았다

어찌 너뿐이랴
모르는 사이 내가 흘렸을 나의 것들
어찌 너뿐이랴
모르는 사이 남의 것이 된 나의 것들

귀걸이 한쪽

희미해진 첫사랑의 이별보다

백 번 더 뼈아픈 밤이다

앞서지도 뒤처지지도 않게
평행선 걷기

사알짝 앞서 기다렸다
숨 고르고
부드러운 그의 콧날
뒤돌아보고

오랜 길 같이 갈 안전거리
평행선 걷기

배우자

2학년 박은성

오랜만에 전화 온 후배,
"잘 사느냐" 묻는 말에
헛웃음 짓길래

"바다 보러 한번 와라.
예전에 네가 본 그 바다처럼
그대로 잘 흐르고 있다"고
말해줬다

전화 한 통

2학년 . 박은성

사랑방 하나를
평생 내어주마

친구

당신이 누구인지 알지 못합니다
어디서 뵌 듯한데
기억이 나지 않습니다

익숙해질 만큼
이야기를 나누어봅니다
다음엔 꼭 기억하도록 말입니다

세수하려는 나에게
거울 속 자기를 아느냐고
자꾸 자꾸 물어봅니다

나에게

하라 해서 하긴 하네만
등 떠밀어 가긴 가네만
내가, 네가, 맞는가

멈칫

오른 어깨를 살짝 숙여 구부정하게
왼손은 달걀 쥔 손 마냥 흔들고
약간 팔자걸음이라는군 내가

등 뒤에서 살포시 떼어주고 싶다네
낡아서 엉켜버린 빗자루 같은
얇고 내 긴 머리카락 한 올을

뒷모습

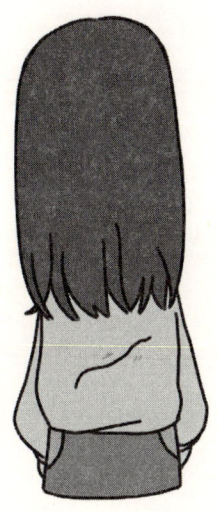

2.20. 박은성

2부

토닥토닥

자네가 밤늦게
날 찾아오는 것을 아네
문지방 넘는 것이
무에 그리 힘든가
세상 살다 보면
미끄러운 맛도 있는 게지

오늘 밤. 꼭
나에게 들르게나
쫀득쫀득한 이야기해줌세

'삐그덕, 삐그덕'
"누구요?"
……
소리가 없는 것을 보니
자네인가 보이

내 곧 주안상 차려오리다

바람

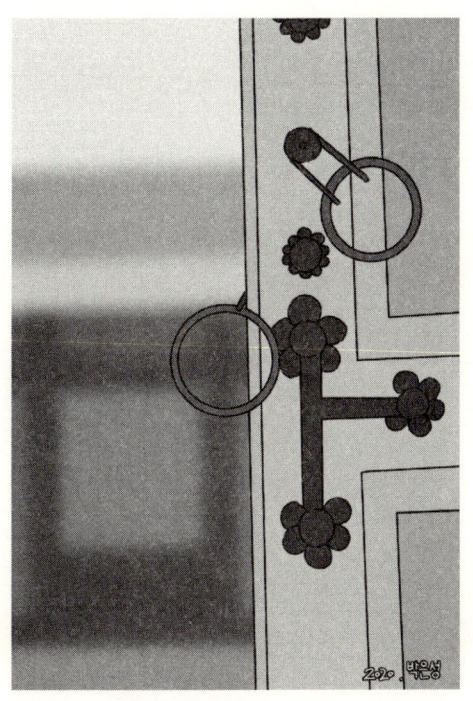

맘씨 착한 인간이,
죽도록 인간이 되고 싶었다
모든 것을 포기하고
엄마 배 속 동굴에서 쑥과 마늘로 버텨냈다

인간으로 살아온 긴 세월
또다시
사나운 곰이 되었다

웅녀(熊女)

추수 끝낸 논은
새벽 이른 회색처럼 차갑다

바람물결 노랗던 마음 잘라내고
살짝 언 회색코트 입고 가며
내 옷깃마저 꼬옥 여며주네

남겨둔 선물인가
커다란 하얀색 바둑알들
생뚱맞게 굴러다니는 짚실타래들

실타래를
풀라는 건가
끊으라는 건가

추수 후(後)

손가락 살짝 튕겨서
저어기 삼천포 바닷가로
하나씩 넣을까 보다

추수 끝난 논엔
칼로 베인 벼들이
살얼음을 날카롭게 안고 있다

반드시 돌려준다던
비 오는 날 빌려간 우산에는
순간은 절실했던,
허무한 약속이 묻어갑니다

비가 그치면 돌려줄 생각,
굳건한 약속마저, 잊게 되지만
빌려준 누군가는 기억합니다
시간이 멀어지면
빌려간 누군가마저 가물거립니다

돌고 돌아 돌아온 우산이
낡은 기억을 가지고 왔더라도
기다렸던 우산은 돌아오지 못했을지라도
어쩌면 다른 우산으로 바뀌어 왔더라도

빌려준 우산

약속이 지켜졌다는 마음에
무언가 돌아와 다행이다 싶습니다
처음부터 기대하지 않았다고 말하면서도
돌아오지 못한 우산이 자꾸 생각납니다

내일 뜨는 태양 아래서 만나요
라디오 디제이 끝 인사말에

당신과
내일 뜨는
태양 아래서
만나고 싶어요

뜨거운
태양 아래
아무 말 없이
그냥 그냥 그냥

비 오든
번개 치든
날씨 따위는
별 상관없어요

내일 뜨는 태양 아래서

오늘 본 당신, 내일 만날 기대에

내일 아닌 지금 행복합니다

어린왕자와 사막여우가
나란히 앉은 뒷모습이 생각납니다

오후 4시에 네가 온다면
나는 3시부터 행복해지기 시작할 거야

둘은 함께 노을이 지길 기다렸지요
그 노을이 지기까지 함께

어린왕자

오후 4시에 네가 온다면
나는 3시부터
행복해지기 시작할거야

2020. 박은성

아코디언과 하모니카 연주를 들으면
머나먼 황량한 벌판 흙먼지 잔뜩 덮어 쓴
꾸역꾸역 짐을 가득 실은 낡은 마차 앞
몸을 녹일 만큼의 장작이 타는 모닥불에
너울너울 넘어가는 붉은 저녁노을을 배경으로
집시여인의 화려한 바스라니 떨리는
손끝의 춤사위가 검게 느껴진다

무표정한 듯 돌리는 얼굴에 회색의 웃음이 보인다
찡찡대는 낡은 기타소리가 마음 한 구석을 베어버린다
너는 바람을 불어라 나는 몸을 움츠릴 테니
내가 온몸을 펼 테니 너는 잠깐 멈추어라
어차피 떠날 너지만 붙잡고는 싶다

아코디언과 하모니카 연주를 들으면
가 보지도 않은 그곳의 아련한 향수를

아코디언과 하모니카 연주를 들으면

아스라이 느껴지는 뭔지 모를 묘한 안타까움과
누군가와 이루지 못한 애절한 이별이
그네들의 노랫소리에 묻어 나온다

엄청시리 큰 달이 뜬,
저녁 카페 안

꽃처럼 활짝 펴서
뒤집어 걸어 놓은 우산들

기다림이 가득 찬
눈물이 고인 정한수에
예쁜 달이 보이는 우산 꽃

달을 보며 비를 기다리는
활짝 핀 달맞이꽃이어라

cafe′ 우산

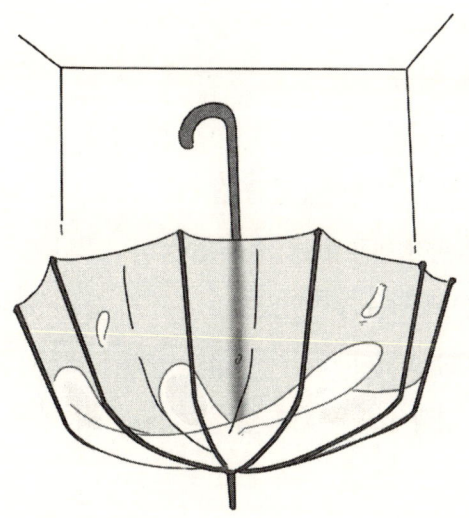

2학9 . 박은성

입술을 한 번 삐죽이며 잘근 씹더니
이내 한 박자 쉬고 한 숨 길게 쉰다
손톱 사이에 작은 가시가 있는 듯 자꾸 제 살을 뜯어낸다
다리 하나 올렸다 내렸다 얼굴을 돌렸다 내렸다 한다
살포시 뒤에서 포옥 하고 안아준다

위로

별이 두 눈 속에 스며와 불꽃을 일으키다
가슴 속 심지에 소독약을 쏟아버렸다

이별

하얘진 머릿속을 진한 커피색으로 담는다
빈 커피 잔에 검은 마음을 뱉는다

커피 한 잔

노곤해진 발바닥을 깨우기 위해
설익은 현실을 담는다
무거워진 머리는
속도조절 못 하는 멧돼지마냥
앞으로만 내달리다
앞으로 한 번 구르고
뒤로 자빠지려는 몸을 다시 일으켜 세운다

무게감

시끌벅적 비좁아진 동굴 속
한 놈 한 놈 늘 때마다
한 뼘 한 뼘 파들어 가다
텅 빈 널따란 동굴 속
아비의 메아리가 길을 잃고 숨었네

동굴

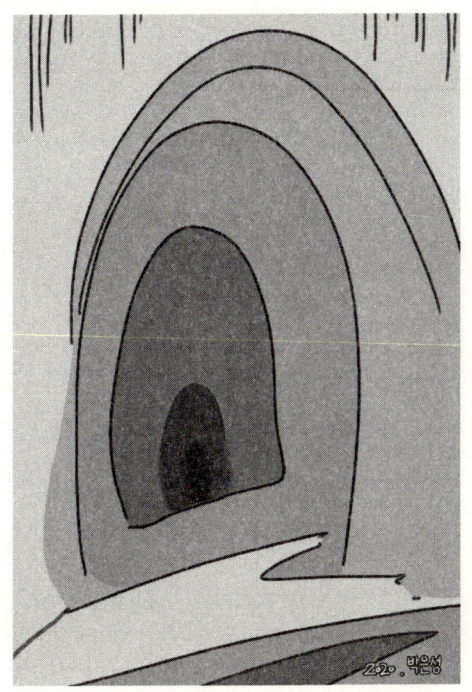

자신을 태울 정열이 묻어난 무대 위를
검흔 진흙 밟은, 낡은 신이 아닌
神이 주신 육체의 발로
때로는 조심스레 때로는 거칠게 내디디며
그대가 그대인지 그가 그대인지
인식하지 못한 채 뛰어다녀도 좋소

그대... 무대 위의 열정과 맞바꾼 잔디밭의 푸르름을,
그대 통해 푸르름을 느끼게 해 주오

그대...한 발로 선 외줄타기와 맞바꾼 해변의 따스함을,
그대 통해 따스함을 느끼게 해 주오

그대...숨가쁜 잔인한 울음과 맞바꾼 고즈넉한 미소,
그대 통해 잊고 산 울음 꺼이꺼이 소리 나게 해 주오

그대..검붉은 손수건에 빼꼼히 자리잡은 감정의 찌꺼기들을,
그대 통해 소복이 쓸어 담게 해 주오

무대 위의 그대
(촉촉한 카리스마를 지닌 배우 이상직 씨에게)

그대 발가락들이 샛노란 황토를 빼꼼히 먹을 때쯤
해 지는 언덕 페르소나들의 소리에
흙빛 모자 쓴 채 웃으며 돌아보는 것도 좋소

불현듯 돌아 본 그대의 과거에
아쉬움은 있을지언정 진정, 후회는 마오
무대 위의 열정을 위해 산 그대

배우 이상직: 전 국립극단 수석배우 현 구례군민극단 '마을' 대표.
<오이디푸스>, <바냐아저씨>, <문제적인간 연산> 등 다수 출연.
<브리타니쿠스>의 네로역으로 제37회 백상예술대상 남자최우수연기상 수상
2004년 팬클럽 "비르투오소" 창단, 장기집권 16년차 팬클럽회장 맨드리 김희주

앵두빛 복숭아 향 머금은 신부를
가마가 훔쳐갔다네
말 탄 사모관대 신랑이
홀랑 데려가버렸네

마주서서 넋을 놓은 신랑과
눈 둘 곳 못 찾은 신부
마당으로 내달리는 꼬꼬닭과
우왕좌왕 배꼽 빠지는 마을사람들

작은방 불빛이 꺼질 때까지
손가락 후비며 기다리는 발자국들이
마당 구석구석 지문처럼 찍혔다오

마을 잔칫날

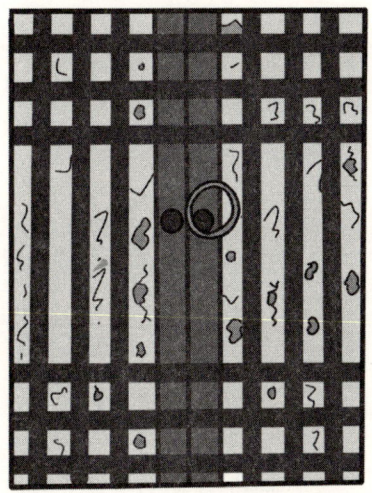

2.20 . 박은성

병실 옆 침대 아기 엄마는
베트남에서 온 젊은 새댁

아이 셋 낳고 농사 지으며
부모님 모시고 산단다

무섭게 생긴 무뚝뚝한 남편은
마음만은 착하단다

친정이 부자 되었다며
행복하다며 화알짝 웃는다

그 미소에 내 마음 꽉 조인
나사 하나 풀렸다

젊은 새댁

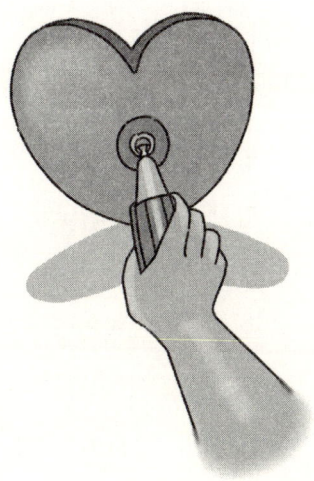

밤새 설친 잠에
잠시 잠깐 꾸벅 낮잠
뻣뻣해진 뒤쪽 목,
으슬으슬 스멀스멀 온몸이 운다
대추차로 막아보지만
오늘 밤, 잠은 다 잤다

예견된,

2020. 박은성

아침에 일어나니
한쪽 눈이 빨간 거미줄이 되었다

빠알간 눈으로 본 세상은
간질간질하더니
따갑고 아프고 눈물났다

누군가 내게 옮겼을진대
옮긴 이는 나에게 옮긴 줄도 모르고
나의 부주의라고 말하겠지라고 생각하니
부아가 치밀었다

나 또한 의도하지 않은
또 다른 이의 부아를 치밀게 할까 봐
열흘째 근신하고 있다

눈병

이 또한 남을 위한 배려인 것을

세상이 몰라주니 거참

어제 물린 발바닥이 간질거린다

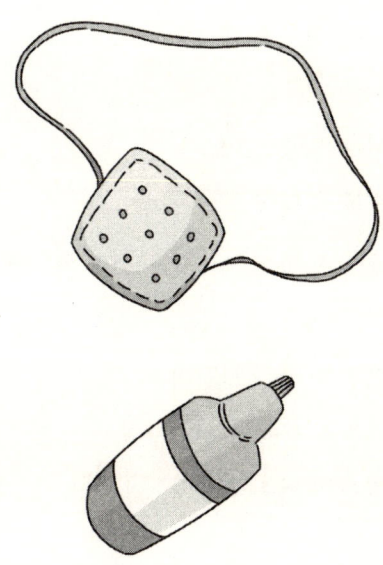

가만히 있는 사람은
스스로 움직일 때까지
기다려주리라

그의 정적을 깨뜨린 순간
벽을 타고
다른 벽을 넘어
벽에 부딪혀
결국 나에게 소독약을 붓게 되리니

가만히 있는 사람이
스스로 움직여 지나가게
길을 비켜주리라

쓰리쿠션

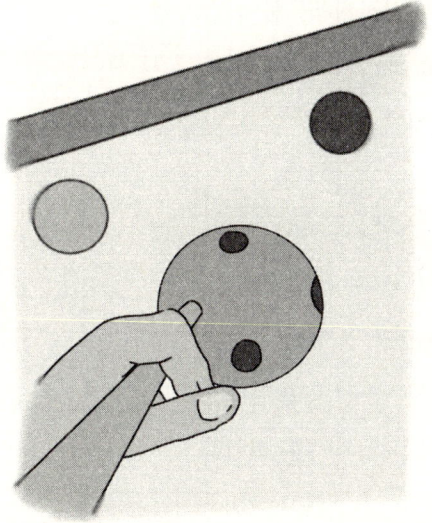

복잡한 마음을 달래볼까
책 한 권을 들고 노산공원에 들렀다
조용한 공원 벤치 한 켠에
노오란 양복을 입은 얼굴이 약간 그을린 듯한
마른 몸의 아저씨 한 분이 앉아서
책을 읽고 계시기에
그 옆 벤치에 자리를 잡고 앉았다

말이 없어 보이던 그는 대뜸
고향이 어디냐고 물었다
자기는 삼천포 토박이라며
묻지도 않은 자신의 첫사랑 얘기와
해질녘 가을강 얘기를 꺼냈다

그리움이 많은 사람이구나 생각했다
어머니가 진주 장터에서 어물전을 하셨다며
고생 참 많이 하셨지요
말을 잠시 멈추었다
어느새 그의 손은 장미모양이 그려진 담뱃갑에서

노산공원
(박재삼 시인 옆에서)

담배 한 개비를 꺼내 불을 붙이고 있었다
갑자기 불어온 바람에
내 머리카락이 날려 내 얼굴을 때리자
바람이 장난친 거라며
천 년 전이나 지금이나 바람이 장난친 거란다

자신은 노산공원에 자주 온다고
여기 삼천포, 참 살기 좋은 곳이라며
바닷길 아래쪽으로 내려가
나의 시야에서 사라졌다

시인 박재삼: 경남 삼천포에서 자라나 <춘향이 마음>, <천년의 바람>, <아득하면 되리라> 등 서정 시집 출간, 사천 노산공원에 박재삼문학관이 있음.

힘껏 차고 올라도 숨이 헉헉 차는 오르막길
은빛 페달을 밟아 심장에 펌프질을 한다
헉헉거리는 내 머릿속이 징징댄다

젖은 내 머릿속은 풀릴 듯 풀릴 듯 엉킨 실타래
무딘 가위로 질겅질겅 잘려간다
언덕 끝에서 만난 내리막에는
오아시스 바람이 날 안아준다

되돌아오는 길에는 날 안아주던
내리막의 바람은 눈길조차 주지 않고
얄밉게 땀이 차던 힘든 오르막은
왜 이제 왔냐는 듯 포근히 바람으로 쓰다듬는다

되돌아오기

쓸데없이 커져버린, 일어나지도 않을
내 몸의 나쁜 땀을 버린다
헬멧 안에 숨겨둔 생각을 바람에게 되돌려준다
되돌아오기 위해 그 자리를 떠난다

새벽녘 졸린 눈을 비비고
모자와 장갑으로 무장을 한다

덜컹거리는 파란 일 톤 트럭 짐칸 위
수백여 개의 태극기를 맞아들인다

세 명이 한 조 되어 사천시내 구석구석
태극기 깃대꽂이를 찾아 누빈다

운전수가 최대한 깃대꽂이 바짝 붙이면
앉은 이는 하나씩 태극기를 건네주고
다른 이는 깃대에 꽂는 계주의 연속이다

네 시간 동안의 바람이 남긴
이미 굽어진 손가락 사이로
아직도 얼얼한 엉덩이가 머리카락에 엉켰다

태극기를 달다

새앵새앵 달리는 출근 차량 사이로

나비들의 첫 비행 날갯짓

나를 향해 한꺼번에 펄럭인다

<경남 사천시 벌용동새마을협의회/부녀회는 국기달기행사를 한다.>

널 부르며 뛰어든 강물은
차가운 눈물이었다

검은 강에 흩어진
하얀 조각들은
손에 가득 쥔
모래처럼 거칠었다

그림자 만들며 치솟는 불길에
순간 화악 달아오르는 얼굴
휘저을 때마다
작은 별들이 눈물 되어 흩어진다

빠알간 불새 한 마리가
거친 숨소리 내쉬며
잊고 있던 너의 얼굴을
신호등처럼 깜빡이고 있다

모닥불 앞에서
(죽은 친구를 생각하며.)

화려한 아름다움을 추구하는 당신에게서
안정과 긍정의 에너지를 느낍니다

물질과 자연의 풍요로움에 감사하는 당신이,
마음까지도 관대한 당신이, 맘에 듭니다

엄마의 마음으로 세상을 보며
아이들을 사랑하는 당신이 멋집니다

당신의 열정적인 삶의 자세에
부러움과 칭찬의 박수를 보냅니다

그 뒤에 숨은 약간의 게으름과
사랑의 질투도 가끔은 귀엽습니다

당신에게서 저를 보게 됩니다
잃어버린 열정을 다시금 돌아봅니다

여황제 카드

* 타로카드의 메이저 3번 카드 여황제 카드

몰랑몰랑한
흑백사진

지금 와서 이런 말 한다고
변하는 건 없겠지만
너 참 예뻤다
꽃처럼 정말 예뻤다

꽃은 시들어도 꽃 /
맨드리 김희주

내가 그럴 거라고 했지?
거기서 거기일 거라고 했지?
내가 이 말까지는 안 하려고 했는데
널 위해서 하는 말인데…

그럼 하지 마!

날 위한 충고 / 맨드리 김희주

PHOTO BY 맨드리김희주
대한민국축도세 글이가인그룹

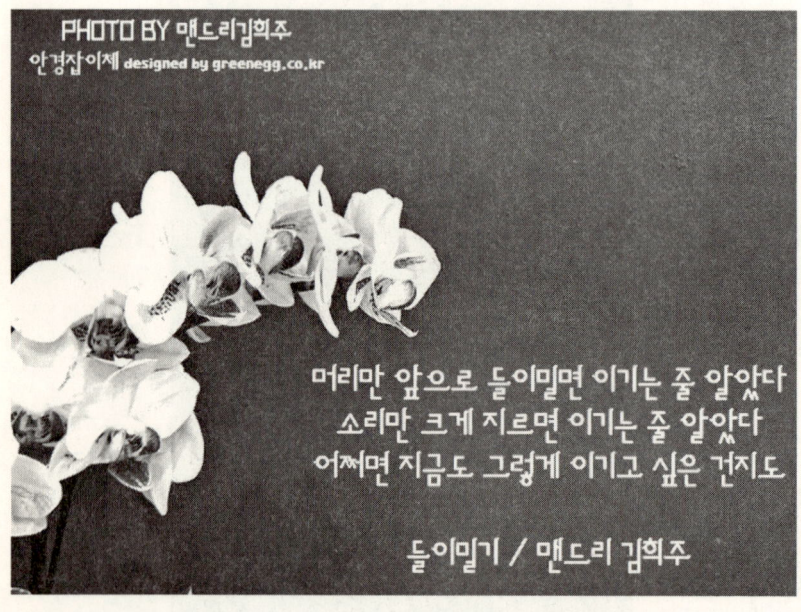

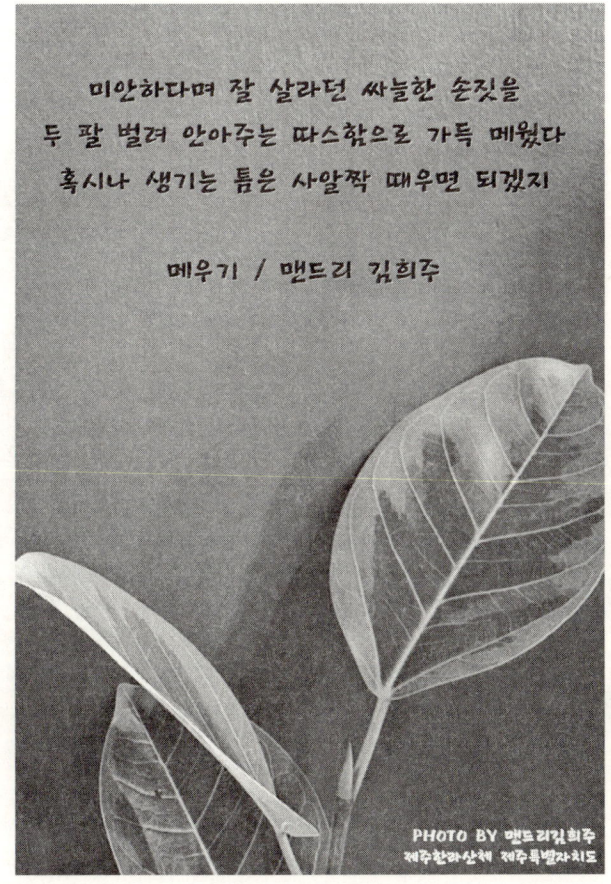

숨만 쉬고 있어도
생각만 하고 있어도
바라만 보고 있어도
흘러가는
시간의 손바닥 안

낡은 시계
너로 인해
너와 함께
존재한 시간들

시간/맨드리 김희주

PHOTO BY 맨드리김희주
경기천년세목체 경기도

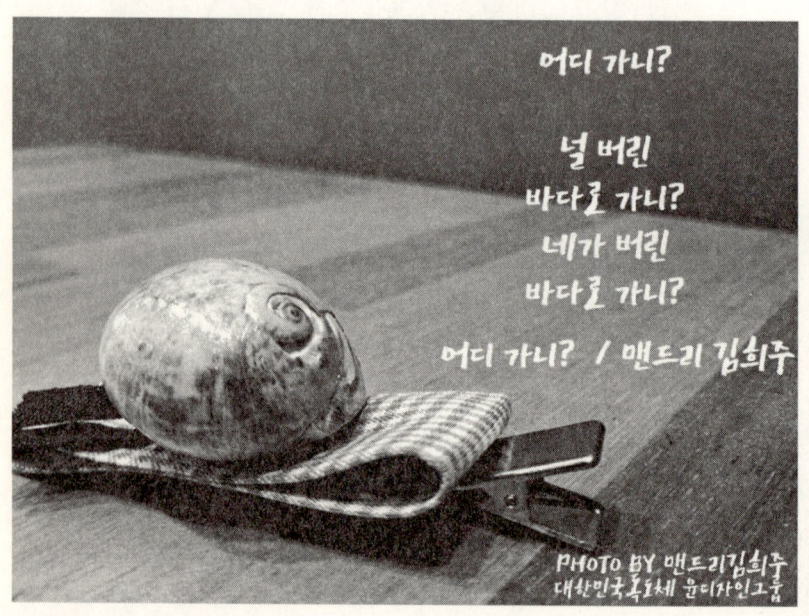

하나 더하기 하나는 둘만큼 밝다
하나 더하기 하나는 둘만큼 따뜻하다
하나 더하기 하나는 둘만큼 고맙다

하나 더하기 하나 / 맨드리 김희주

해설

따뜻한 위로와 격려의 시
– 김희주 시집 『시계 밑에 커다란 찻잔을 두고 싶다』

정삼조(시인)

1. 이 시집의 특징

먼저 이 시집의 특징을 말하고 싶다. 한 시집의 특징이 그 시집의 성격과 매우 밀접한 관련이 있으리라는 아주 당연한 추론이 이 시집만큼 잘 맞아떨어지는 시집이 드물지 않을까 하는 생각이 들었기 때문이다. 이 시집을 처음 펼쳐 본 사람은 아마 이 시집이 여느 시집과 많이 다르다는 점을 먼저 느끼리라고 생각한다. 왼편 페이지에는 시가 오른편 페이지에는 시와 관련된 그림이 그려져 있다. 시와 그림을 함께 제시

한 시집이 더러 있기도 하지만 이 시집의 그림을 그린 사람은 시인의 하나밖에 없는 자식인 딸이라는 점이 이채롭다.

초등학교 6학년인 딸이 제 엄마의 시를 읽고 그와 관련된 생각을 그림으로 표현했는데 그림을 그런대로 잘 그렸다. '잘 그렸다'는 표현은 이 글을 쓰고 있는 사람이 미술 전문가가 아니므로 미술 전문가로서의 시각에서 나온 평가는 당연히 아니다. 다만 어린아이의 눈으로 또는 딸의 눈으로 어른인 엄마의 시를 나름대로 잘 이해하고 그 느낌을 그림으로 제법 훌륭하게 드러내었다는 점을 강조해 말하고 싶은 것이다. 엄마에 대한 애정이 없이는 불가능한 일이다.

이 시인 가족의 또 다른 한 명인 남편이자 아빠는 가수다. 가수인 남편은 아마 아내의 시에 대한 딸 못지않은 독자일 듯한데, 지난 6월 아내의 시화전 기념회에서는 같이 활동하는 멤버들과 함께 시원하게 노래도 여러 곡 불러 박수를 받았다.

그러니 이 가족은 모두 예술가다. 시인이고 화가고 음악가다. 엄마의 시집 발간에 직접이든 간접적이든 다 관여하고 있다. 그러니 '가족끼리 뚝딱뚝딱 힐링 시집'이란 부제가 붙을 만하다. 가족이 한마음으로 내는 시집이기에 이 시집은 다 읽어보지 않아도 매우 따뜻할 것 같다. 이 시집은 '사랑'에서 출발하고 있는 셈이다.

다음으로 말하고 싶은 이 시집의 특징은 이 시집의 시들이 시의 기본에 충실하다는 점이다. 시란 무엇인가 하는 데 대해서는 전문가마다 다른 생각들이 많이 있어 왔겠지만, 대체로 시 쓰는 사람의 '생각과 느낌'을 '운율이 있는 언어'로써 '압축'하여 드러낸 문학의 한 장르라고 간략히 말할 수 있을 것이다. 시의 기본에 충실하다는 것은 이러한 시의 요건들을 얼마나 충족시키고 있는가에 달려 있다고 하겠다.

시집을 낼 만큼 시가 쌓이고 생각이 모였다는 일은 위와 같은 시의 기본들이 어느 정도 충족되어서

야 가능한 일이다. 이 일을 위해서는 수많은 독서와 사색과 습작이 당연히 따라야 한다. 내가 쓴 시가 제대로 된 시가 되었는지에 대한 끊임없는 의심과 함께 지우고 다시 쓰는 괴로운 작업의 연속을 얼마나 많이 되풀이해야 제대로 된 시 한 편에 도달할 수 있을까 하는 생각을 새삼 해 본다.

우선 이 시집의 시들은 쉽게 읽힌다. 쉽게 읽힌다고 해서 꼭 좋은 시가 되었다는 법은 없겠지만, 쉽게 읽힌다는 것은 시인의 마음속 생각이 익고 익어서 가장 알기 쉬운 말로 표현되었다고 말할 수는 있겠다. 마음의 상태나 느낌을 가장 잘 드러내는 말은 어려운 한자 말도 현란한 수식을 붙인 말도 아닌 가장 낯익고 쉬운 우리말일 수밖에 없겠기 때문이다.

게다가 이 시집의 시들은 나름대로 자연스런 운율과 압축성을 고루 갖췄다. 운율을 억지로 드러내려 하지 않았는데도 적절한 행 구분에 따라 시가 쉽게 읽히면 운율이 저절로 갖춰진 것이라고 할 수 있을 것이다.

압축도 꼭 필요한 말만을 골라 짧게 말하는 것이 요체라면 이 시집의 시들은 이런 특징을 잘 살렸다고 할밖에 없다. 다만, 반드시 짧은 시만이 명시가 된다는 원칙은 없다는 점도 아울러 말하고 싶기는 하다.

이 시집은 3부로 구성되었다. 각 부의 제목이 재미있다. 1부는 '쓰담쓰담'이다. 쓰다듬어 주는 동작을 가리키는 의태어일 듯하다. '위로'의 말이라는 생각이 든다. 2부는 '토닥토닥'이다. 곁에서 토닥여 준다는 뜻일 테다. '격려'의 말일 것이다. 3부는 '몰랑몰랑한 흑백사진'이다. 몰랑몰랑은 아직 굳지 않은 새것의 상태를 뜻하는 의태어일 것이므로 새로운 기법을 가미한 '사진시'쯤으로 읽을 수 있지 않을까 싶다. 이 3부는 의미보다는 기법의 특징 때문에 따로 설정한 부분이므로 따로 묶어 해설하지 않고 1부와 2부의 시들을 살펴보는 부분에 적절히 편입시켜 감상하도록 하겠다.

따라서 본문에서는 1부를 중심으로 3부의 일부 시를 포함한 '위로의 시'와 2부를 중심으로 역시 3부의 일부 시를 포함하는 '격려의 시'로 나눠 각 시의 의미를 새겨보는 정도로 간략히 살펴보기로 한다.

2. 위로의 시 – 쓰담쓰담

위로의 대상은 누가 되어야 할까. 이 시집의 시에서는 그 대상으로 우선 화자(話者) 자신을 꼽는다. 하긴 세상 모든 사람에게 세상의 중심은 자기 자신일밖에 없다. 자기 자신이 사라지면 세상도 따라 사라지는 것이다.

다음 시는 아마 시 속 화자가 자기 자신을 쓰담쓰담 하는 시로 읽을 수 있겠다.

시계 밑에 커다란 찻잔을 두고 싶다
혹시나 떨어지는 시간을 담아두어야지
반지 틈에 숨어 흐르는 폭포 모랫방울도
호랑나비 날개에서 찢어진 네잎클로버 한 잎도

떨어지지 않도록 날아가지 않도록

       - 「담아두기」 전문

시계 밑에 찻잔을 두어 떨어지는 시간을 담아둔다는 상상력이 재미나게 읽히는 시다. 이 시에서는 시간과 공간이 함께 쓰인다. 시간은 담아둘 성질이 아니기 때문이다. 모든 사물은 시간이 있어야 존재한다. 따라서 시간이 없으면 공간도 없다. 그 소중한 시간을 담아두어야겠다는 것은 시간을 아껴 소중히 써야 하리라는 자기 다짐이겠다. 3행과 4행에서 보이는 환상적인 이미지도 시간이 존재해야 가능하다는 의미를 부각시킨 부분으로 읽으면 될 듯하다. 다음 시도 자기 자신을 쓰다듬어 위로하는 시로 읽힐 수 있겠다.

고마 쫌 돌아댕기라
니가 그란다고 해결되는기 아이다

내가 니 따라 댕기다가
속이 시꺼멓게 탔다

     -「그림자」전문

그림자는 그 주인을 따라다닐 수밖에 없는 존재인데도 여기서는 주인의 소득 없는 행보에 안타까움을 표시함으로써 그 주인을 위로하고 있다고 하겠다. 그림자는 원래 검은 것인데도 주인 때문에 속이 시커멓게 탔다는 표현이 재미있다. 눈치채지 못할 정도의 교묘한 장치를 한 상상력이 작동하는 시다.
다음 시는 가족에 대한 사랑을 그린 시다. 시 속에 그림을 그린 은성이가 나오는데 실제 자기 모습을 시집 속에 어떻게 그려 놓았는지 궁금하다.

은성아. 옷이 삐져나왔잖아
이리 와. 가만히 있어봐
아이구. 움직이지 말고!!

잠깐만. 움직이지 말래두!!

울먹이며 고개 숙인 은성이
"엄마, 난 인형이 아니잖아요!!"

당황스러워 웃음이 나왔다
그래. 넌 살아있는 내 아이지
아. 가끔 이 사실을 잊고 산다

— 「당황」 전문

엄마는 딸의 옷매무새를 고쳐주려 움직이지 말고 있으라 하고 아이는 가만히 있는 게 힘들어 자기는 인형이 아니라고 항변하는 이야기다. 별것 아닌 일상 속 이야기를 잘 포착해 가족 간의 사랑을 아기자기하게 그렸다. 쉬운 것 같지만 끊임없는 관찰력과 적절한 시적 형상화가 없이는 얻을 수 없는 시로 여겨진다. 다음 시 역시 가족 간 사랑을 그린 시다. 갓난애를

가진 젊은 엄마의 행동과 그 아기의 외할머니가 되는
이의 애정 어린 푸념이 주를 이룬다.

누가 업어 가도 모를 정도로
깊이 잠들던 소녀가
식어 빠진 촛농의 몸으로
갓난아이 "엥-" 소리에 용수철 튀었네

그렇-게 깨워도 안 일어나더니
지 새끼 운다고 벌-떡! 일어난다고-
이제 진짜 엄마라며,
엄마는 화알짝 웃어주셨네

         - 「엄마는」 전문

1연은 갓 아기를 낳은 아기 엄마가 아직 소녀로
보이는, 아기 외할머니의 눈에 비친 딸의 행동을 그렸다.
아기가 우는 소리를 듣자 용수철 튀듯 일어나는 딸을

바라보는 할머니의 시각이다. 2연은 그런 딸의 모습을 본 할머니의 말씀이다. 1연의 행동을 보니 이제 진짜 엄마가 되었다는 것이다. 대대로 물려지는 자식 사랑의 모습이 따뜻하게 그려졌다. 역시 시적 형상화가 돋보이는 시다.

위 시와 연관지어 생각해 볼 수 있는 시가 「엄마」이다. 어머니가 겪은 고통을 자기도 성장하여 비슷한 상황에서 겪으며 옛날 어머니의 고통을 새겨보는 시다. 자식을 위해 기꺼이 고통을 감내해 내는, 역시 대물림되는 가족 간의 진한 사랑이 느껴지는 시다.

엄마도 그랬수?
이렇게, 아팠수?
한밤에, 울었수?

어찌 난 세상모르고 잤을꼬?

- 「엄마」 전문

이제 '몰랑몰랑한 흑백사진'의 시 두 편을 살펴볼 차례다. 사진에 시를 옮겨 적는 방식을 쓴 듯하다. 시를 새롭게 제시하는 독특한 방식이라 생각된다. 여기서는 시만을 대상으로 하여 살펴보겠다. 사진에 적는 방식이니 시는 당연히 짧다.

지금 와서 이런 말 한다고
변하는 건 없겠지만
너 참 예뻤다
꽃처럼 정말 예뻤다
─「꽃은 시들어도 꽃」 전문

별이,
자기가 별이라고
불리는 것을
알았으면 좋겠다
─「별」 전문

위 두 편 시는 타인에 대한 위로의 시라 할 수 있겠다. 앞 시는 참말로 변하는 건 없겠지만 그래도 절망에 빠진 사람에게 이런 다정한 말 한마디가 얼마나 큰 힘이 되겠는가 하는 바람을 전파하는 시라 하겠다. 뒤 시 역시 자기의 장점을 모르고 실의에 빠져 살아가는 어떤 대상에게 그 점을 알려주었으면 좋겠다는 소망을 담았다. 짧은 말속에 큰 사랑의 마음을 담고 있어, 마음의 아름다움이 느껴지는 시들이다.

3. 격려의 시 - 토닥토닥

여기서의 시들은 대체로 타인에 대한 격려의 시들이 많다. 하기는 앞서 서술한 위로의 시나 여기서 말하는 격려의 시나 그 목적하는 바는 거의 같을 것이다. 다만 쓰다듬어 주는 것이나 토닥여 주는 것이 동작의 크고 작음과 상대방이 어떻게 느끼느냐에 따른 약간의 느낌 차이가 있을 뿐일 것이다. 그런 점에서 여기서 논하는 격려의 시도 결국은 위로의 시에 대한 연장선상에 있다. 자신과 가족과 주위 사람들에 대한 사랑이라는 본질에서 벗어나 있지 않은 것이다.
다음의 시 「웅녀(熊女)」는 자신을 포함한 모든 사람에 대한 연민(憐憫)의 마음을 표현한 시로 읽을 수 있겠다. 원래는 그렇지 않았던 사람들이 세파에 시달리면서 차츰 사납게 변해 가는 모습을 단군신화를 차용(借用)하여 그렸다. 재미난 상상이다.

맘씨 착한 인간이,
죽도록 인간이 되고 싶었다
모든 것을 포기하고
엄마 배 속 동굴에서 쑥과 마늘로 버텨냈다

인간으로 살아온 긴 세월
또다시
사나운 곰이 되었다

- 「웅녀(熊女)」 전문

1연에서는 단군신화의 곰이 동굴 속에서 쑥과 마늘을 먹으면서 백날을 버텨 인간이 되었다는 이야기를, 여기서는 엄마 배 속에서 아기가 온전한 인간으로 태어나기 위해 인내해 결국 인간으로 나왔다는 이야기로, 단군신화를 약간 비틀어 빌려 왔다. 2연은 이런 간절한 소망 아래 태어난 인간이 살아오면서 다시 곰처럼 사납게 변화하게 되었다는 사실을 담담히 말하고 있다. 남의 일인 양 서술하였으나 사실은 자아의 성찰에서 나온 시일지도 모른다. 사람이란 살아가면서 경쟁과 질투와 시기를 피할 수 없는 존재라 한다면, 시 속 말하는 이 자신도 그 사람 중의 한 명임이 분명할 것이고, 그렇다면 이런 세파(世波)를 피해갈 수 없음은 당연한 일이다. 그러므로 이 시의 뜻은 나를 포함해 모두가 그런 것인즉, 서로가 너무 미워하지 말자는 것쯤 되지 않을까 싶다.

다음 시는 매우 밝은 시다.

내일 뜨는 태양 아래서 만나요
라디오 디제이 끝 인사말에

당신과
내일 뜨는
태양 아래서
만나고 싶어요

뜨거운
태양 아래
아무 말 없이
그냥 그냥 그냥

비 오든
번개 치든
날씨 따위는
별 상관없어요

오늘 본 당신, 내일 만날 기대에
내일 아닌 지금 행복합니다
   　　　　　－「내일 뜨는 태양 아래서」 전문

'내일'은 생각하기에 따라 여러 가지의 상상을 불러일으킨다. 희망의 꿈에 부푼 사람에게는 미래의 성공을 말할 것이고, 현실의 고통에 찌든 사람에게는 절망의 연속선상에 있는 하루다.
이 시에서의 말하는 이는 내일의 날씨와 상관없이, 곧 사람의 처한 현실에 상관없이 사람이 소중한 것이고 그 소중한 사람을 만나는 일이 너무도 즐겁다고 노래한다. 어느 라디오 디제이의 멘트에서 연상해 낸 밝은 이미지를 제시하는 시다.
다음 시는 제목을 「위로」라고 했지만 격려의 뜻도 같이 읽힌다. 특별한 이야기가 없다. 다만 안절부절못하고 고민에 빠진 사람을 '포옥' 안아준다는 것이 전부다. 말은 없다. 행동만 있다. 그 행동이 때로만 마디 말보다 효과 있을 때가 있다. 그 감동적인 순간을 사진 찍듯이 건져 올린 시다. 시시해 보이지 않는 시다.

입술을 한 번 삐죽이며 잘근 씹더니
이내 한 박자 쉬고 한 숨 길게 쉰다
손톱 사이에 작은 가시가 있는 듯 자꾸 제 살을 뜯어낸다
다리 하나 올렸다 내렸다 얼굴을 돌렸다 내렸다 한다
살포시 뒤에서 포옥 하고 안아준다
─「위로」전문

다음 시 둘은 앞서 소개한 '사진시'다. 짧은 말속에 수많은 뜻을 담았다. 시론에서 흔히 말하는 압축의 묘미를 잘 살렸다.

생각은 꼬리에 꼬리를 물지
사람들의 말은 가시처럼 따갑지

걱정은 양파처럼 까도 까도 눈물이 나

잠깐 걸을까?

　　　　　　　　　　　　　－「산책」 전문

하나 더하기 하나는 둘만큼 밝다
하나 더하기 하나는 둘만큼 따뜻하다
하나 더하기 하나는 둘만큼 고맙다

　　　　　　　　　－「하나 더하기 하나」 전문

시 「산책」은 문제의 해결책을 제시하고 있지 않다. 문제의 해결은 당사자가 할 일이라는 것을 당사자 자신은 너무 잘 알 듯하다. 시 속 화자는 단지 '잠깐 걸을까?'라고 제안할 뿐이다. 이 말은 상대방을 힘을 내게 하는 말이다. 든든한 우군이 하는 위로이자 격려의 말이다. 이런 말을 골라내는 재주가 범상하지 않다.

뒤의 시는 '더하기'의 매력을 노래했다. 당연히 '착한 것'의 더하기다. 그 더하기의 결과는 밝고 따뜻하고 고맙다. 여기에 또 무엇을 더할 수 있으랴. 읽어보는 것만으로 착한 마음을 불러일으키는 듯한 시다. 사진 속 등불 두 개가 오래 기억에 남을 듯하다.

4. 맺으며

김희주 시인의 첫 시집 『시계 밑에 커다란 찻잔을 두고 싶다』를 십여 편 시들을 중심으로 살펴보았다. 이 시집의 뜻이 사람과 사람 사이 사랑과 위로와 격려를 드러내고자 한다는 데에 있다는 결론에 대충 도달한 것 같고, 그것이 세상을 보다 '착한 곳'으로 만드는 데 이바지할 것이라는 낙관론도 펼친 것 같다. 그러나 시의 길은 끝이 없는 것, 아무리 뛰어난 시인이라도 후세에 사람들의 기억에 남을 시 한두 편 남기기가 결국은 매우 어려운 일이라는 것을 우리는 또한 당연히 잘 안다.

이 시집으로 본격적인 시의 길에 들어선 김희주 시인의 창창한 시의 앞날을 빈다.